레거시를 위한 묵상

KB192924

레거시를 위한 묵상

김대순 Daniel D. Kim

RODEM BOOKS

목차

훌륭한 레거시(영적 유산)를 위한 큐티 설명서 6

제 1 일 레거시의 공간을 준비하라 (창 1:2) **8**

제 2 일 잊음과 열매 맺음 (창 41:50~52) **12**

제 3 일 자기 인생 돌아보기 (창 47:8~9) **16**

제 4 일 코를 길게 하는 영적 유산 (출 34:6) **20**

제 5 일 다음 세대에 계승해 줄 하나님 말씀 (신 6:7~9) **24**

제 6 일 은퇴도 없고 변함도 없는 레거시 (여 14:7~12) **28**

제 7 일 희생이 낳은 위대한 영적 유산 (룻 4:8~10, 17) **32**

제 8 일 말씀 먹고 아침 먹기 (욥 23:12) **36**

제 9 일 하나님을 눈으로 본 신앙 유산 (욥 42:5) **40**

제 10 일 지혜로운 마음 (시 90:10~12) **44**

제 11 일 신앙 고백과 사명 (마 16:13~16) **48**

제 12 일 성전에서 계승된 신앙 유산 (눅 2:22~35) **52**

제 13 일 다음 세대를 위한 들러리 되기 (눅 3:16) **56**

제 14 일 미래의 준비된 처소를 사모하기 (요 14:1~3) **60**

제 15 일 진리 안에 거하기 (요 3 1:4) **64**

훌륭한 레거시(영적 유산)를 위한 큐티 설명서

레거시 (Legacy)

　인생은 얼마나 열심히 사는가도 중요하지만, 그 인생의 평가는 다음 세대에 무엇을 남기느냐로 결정된다. 그 단어가 바로 레거시이다. 영어 레거시는 우리 말로 대개 유산, 기업이라고 번역되지만, 그 내용은 한글의 유산과 기업보다 훨씬 깊고 넓다. 레거시는 눈에 보이는 물질적인 유산뿐 아니라 눈이 보이지 않는 영적 유산도 포함한 의미를 지닌다. 어떤 인생이 남기고 간 모든 흔적이 레거시이다. 여기에서는 레거시를 우리에게 더 낯익은 '유산' 또는 '영적 유산'이라는 단어와 함께 사용했다.

큐티 (QT = Quiet Time 성경 말씀을 묵상하며 하나님과 기도를 나누는 경건의 시간)

　훌륭한 영적 유산을 남기기 위해서, 필요한 요소 가운데 하나님과의 대면은 절대 빠질 수 없다. 구약에서 모세는 120년 인생 가운데 마지막 40년 동안 위대한 업적들을 남겼는데, 그중에서 특기할 만한 것은 40일 동안 하나님과 대면한 일이었다. 그 대면을 통하여 모세의 얼굴에 광채가 스며들었고, 가장 가까이 있는 사람들에게 그 빛나는 얼굴로 하나님의 영광의 실체를 보여주는 영적 유산을 남겼다.

　하나님이 말씀으로 성육신하여 이 땅에 오셔서(요한 1:14) 우리에게 남겨주신 최고의 유산(레거시)은 성경 말씀이다. 구약 시대의 모세처럼 우리도 성경 말씀을 만남으로 하나님과 대면할 수 있다. 이것을 '큐티(Quiet Time)'라고 한다. 말씀을 묵상하는 가운데 일대일로 주님과 속삭이며 영적 대화를 즐기는 시간이 '큐티'이다.

15일

사도 바울에게 15일은 중요한 레거시 시간대이었다. 다메섹에서 극적으로 예수님을 일대일로 대면한 바울은 회심한 후, 바로 아라비아 사막에서 3년 정도의 집중 영적 훈련을 받았다. 그리고 예루살렘으로 돌아가서 사도의 리더이었던 베드로를 만나서 15일을 같이 보냈다(갈라디아서 1:18). 그 15일 동안 바울은 예수님과 직접 3년이라는 시간을 보낸 베드로를 통하여 예수님의 영적 유산을 배웠다. 15일 동안 하는 이 성경적 레거시 '큐티'는 훌륭한 레거시를 이어주는 첫걸음이 될 것이다. 15일이 연장되어 15년이 되고, 또한 계속 평생 하나님의 말씀을 묵상하며 갖는 '큐티'를 통하여 주님을 대면하는 영적 유산을 다음 세대에게 남기게 될 것이다.

사용법

훌륭한 레거시(영적 유산)의 전달자가 되고 싶은 분들에게, 15일 동안 하는 이 큐티 안내서의 제안이 그 방법을 익히는 계기가 되기를 바란다. 이 책은 성경 구절, 성경 이해, 레거시와 관련된 질문과 기도, 이렇게 네 가지로 구성되어 있다.

1. 매일 날짜마다 정해진 성경 구절을 우선 일반 속도로 읽는다. 두 번째 읽을 때는 천천히 읽는다. 그리고 마지막으로 기도하는 마음으로 다시 한번 읽는다.

2. 성경 이해 부분을 읽으면서 영적 유산의 어떤 부분에 초점을 맞추어 설명하는지 이해하고 개인적으로 묵상해 본다.

3. 각 질문에 대한 자신의 느낌과 반응을 적어본다.

4. 기도를 읽으면서 '큐티'를 마무리한다.

5. 하나님이 그날 주신 영적 교훈을 하루 종일 묵상해 본다.

제1일 영적 유산의 공간을 준비하라

성경 구절 창세기 1:2
땅이 혼돈하고 공허하며 흑암이 깊음 위에 있고 하나님의 영은 수면 위에 운행하시니라.

📖 성경 이해

　미술 걸작품은 그 진가를 최대한 발휘할 수 있는 적절한 전시 공간을 만나야 작품을 유산으로 남길 수 있다. 작가는 자기 작품을, 전시를 통해 대중에게 발표하고 홍보하여, 자신의 예술적 창작물을 소개하고 관람객들에게는 예술적 경험과 감동을 남겨야 한다.

　컴컴한 지하 창고 안에서 먼지를 뒤집어쓰고 파묻혀 있는 그림은 아무리 저 유명한 피카소의 작품이라 할지라도 '레거시'의 흔적이나 그림자조차 남기지 못하고 사라질 것이다. 위대한 음악이 그 멜로디를 가득 담아내어 감동을 주는 기회는 좋은 공연 공간을 통하여 이루어지며, 그것으로 음악의 레거시가 만들어진다. 들리지 않고, 불리지 않는 노래는 아무리 위대한 곡이라 할지라도 '무음'이다.

　백합은 바람 부는 들녘 공간에 존재할 때, 그 아름다운 향기를 흩날리며 아름다움을 뽐낼 수 있지만, 바다 위에 던져진 백합은 그 진가를 발휘하지 못하고 깊은 바다 밑으로 가라앉을 따름이다. 또 물고기는 깨끗하고 좋은 '물'이라는 공간을 만나야 자유롭게 헤엄치며 살아가는 존재로 그 생명이 남게 된다.

　마찬가지로 우리의 영적 유산이 최고의 가치로 남겨지기 위해서는 그것을 담을 공간이 필요하다. 예술의 최고 권위자 여호와 하나님은 놀라운 창의적 작품을 담을 공간을 먼저 준비하셨다. (창세기 1장)

공간 준비를 위해서 성령님이 먼저 수면 위를 부드러운 걸음으로 운행하시며 현재 상태를 진단하셨다. (창세기 1:2) 정확한 진단이 나와야 정확한 해결책이 나오기 때문이다. 혼돈한 땅이 질서 있는 공간으로 변화되며, 아무것도 없던 공간이 가득 차고, 흑암의 공간이 변하여 빛의 공간으로 새 옷을 입었다.

질서와 빛으로 가득 찬 공간에 하나님은 '보시기에 심히 좋은 레거시'인 자연과 인간을 창조하여 유산으로 남겨주셨다. 모세는 창세기 1:2절을 기록하면서 창세기를 읽는 이스라엘이 하나님이 남겨주신 아름다운 레거시를 이해하기를 바랐다.

우리도 레거시를 담을 공간 창조가 필요하다. 먼저 우리는 성령께서 우리 삶 가운데 운행하시어 정확한 진단을 내려 주시도록 초청하여야 한다. 보시기에 좋은 영적 유산을 담을 한 뼘의 공간조차 없는 우리 마음속에 최고의 가치를 남기기 위한 공간, 예술가들이 그렇듯이 우리가 남겨야 할 최선의 레거시를 담아낼 새 공간을 우리 안에 창조해 주시기를 성령님께 도움을 구하자.

🎈 질문

1. 나는 성령님을 내 삶의 모든 수면 위에 운행하시도록 초청하는가?

2. 성령님이 나의 삶을 진단하신다면, 나는 과연 어떤 모습일까?

3. 나의 어떤 부분이 혼돈하며, 공허하며, 흑암 가운데 있는가?

4. 나는 다음 세대에 어떤 모습의 영적 유산을 남기고 싶은가?

🙏 기도

하나님 아버지, 혼돈과 공허와 무질서의 흑암 가운데 있는 내 삶이 새롭게 되기 위해서 성령님의 도움이 절대적으로 필요합니다. 성령님, 내 삶의 수면 위에 운행해 주소서. 나의 영적 상태를 진단하사 고쳐주셔서 새로운 모습으로 창조하여 주옵소서. 이전 것은 다 지나가게 하시고, 새로운 모습이 되어 새로운 영적 유산을 계승하게 인도하여 주옵소서. 아멘!

노트

제2일 잊음과 열매 맺음

성경 구절 창세기 41:50-52

요셉이 그의 장남의 이름을 므낫세라 하였으니, 하나님이 내게 내 모든 고난과 내 아버지의 온 집일을 잊어버리게 하셨다 함이요. 차남의 이름을 에브라임이라 하였으니, 하나님이 나를 내가 수고한 땅에서 번성하게 하셨다 함이었더라.

📖 성경 이해

　　요셉은 이집트에서 온의 제사장 보디베라의 딸 아스낫과 결혼하여 두 아들을 낳았다. 요셉은 두 자녀의 이름을 어떻게 지을지 고민했다. (창 41:50-52). 그는 이집트 문화에 따라 이름을 지을 수 있었지만, 이스라엘 전통에 따라 히브리 이름을 지어 주었다.

　　므낫세는 "잊고 놓아주다/흘려보내다"라는 의미의 이름으로, 히브리어 동사 어간 נשׁ(nashach)과 연결되어 있다. 우리의 뇌와 몸은 과거에 일어난 일을 놓치지 않고 기억하여 기록한다. 즉 우리는 삶 가운데 상처와 흉터를 남긴 힘든 사건들을 무의식, 의식 속에 자연스럽게 기억하는 경향이 있다는 것이다. 반면에 우리는 과거에 일어난 좋은 사건들을 쉽게 잊어버린다. 요셉은 오히려 부정적인 나쁜 과거를 잊고 그 기억을 흘려보냈다. 이는 과거를 이기는 건강한 방법이다. 그는 자신의 과거가 자신의 현재를 계속해서 지배하는 것을 허락하지 않았다. 이것이 잊음의 축복이다. 내가 잊어버리고 흘려보내야 할 과거의 상처와 고통은 무엇인가?

　　에브라임(אפרים)의 히브리어 단어는 "(나를) 생육하게 하다"라는 의미이다. 두 아들의 이름에서 볼 수 있듯이, 요셉은 과거의 감옥에 갇히고 싶지 않았고, 미래 지향

적으로 나아가기를 원했다. 그는 하나님께서 자신에게 얼마나 많은 열매를 맺게 하셨는가를 삶으로 보여주었다. 요셉은 에브라임의 이름을 부를 때마다, 에브라임의 얼굴을 볼 때마다, 하나님이 주신 풍성한 열매를 감사했을 뿐만 아니라, 그의 미래가 하나님의 풍성한 열매로 채워질 것을 예견했다. 그의 시선은 항상 미래를 향하고 있었다. 에브라임의 히브리어 단어의 끝은 ם 복수로 끝나는데, 이 경우에는 "갑절"이라는 개념이 그 의미에 포함된다.

창세기 48장에서 야곱은 요셉의 두 아들을 축복했다. 그는 오른손을 둘째 아들에브라임의 머리에, 왼손을 첫째 아들 므낫세의 머리 위에 얹었다(창48:14). 야곱은 의식적으로 과감히 전통과 문화에 역행하는 행동을 했다. 요셉은 아버지 야곱의 행동을 이해할 수 없었다(창48:18).

왜 야곱이 의도적으로 손의 위치와 순서를 바꾸어서 둘째인 에브라임에게 장자권을 축복해 주는 것일까? 야곱은 손자들에게 임하는 하나님의 예언을 선포한 것이었다. 과거에 지나온 분노와 좌절의 상처들을 잊어버리는 일은 요셉에게 꼭 필요한 일이었지만, 그것이 목적은 될 수 없었다. 잊어버리고 흘려버리는 것에서 더 나아가 풍성한 열매로 연결되어야만 하는 것이었다. 잊음은 풍성함의 전제조건이다. 잊음의 궁극적인 목적은 열매 맺는 삶이다. 그러므로 세상 나이 서열에 의하면 분명히 므낫세가 장자로서 오른손이지만, 하나님의 사명 서열은 에브라임이 오른손, 곧 장자가 된다.

🌱**질문**

1. 나의 삶에서 잊어야 할 것은 무엇인가? 다음 세대에게 계승해서는 안 되기 때문에 꼭 잊고 버려야 할 것은 무엇인가?

2. 다음 세대에 영적 유산으로 남기기 위하여 나의 삶에 어떤 열매를 맺어야 할까?

🙏 기도

　하나님 아버지, 나의 삶 가운데 있었던 과거의 아픔, 상처, 죄책감, 부끄러움을 다 잊고 과감히 버리게 하소서. 완전히 자유로워지도록 십자가의 은혜를 주옵소서. 다음 세대에게 걸림돌이 되지 않도록 날마다 자신을 돌아보며 살기를 원합니다. 또한 나의 남은 인생에 아름답고 풍성한 열매를 맺게 하셔서 그 영적 유산이 계승되어 다음 세대를 살릴 수 있도록 인도하여 주옵소서. 아멘!

노트

제3일 자기 인생 돌아보기

성경 구절 창세기 47:8~9

바로가 야곱에게 묻되 네 나이가 얼마냐? 야곱이 바로에게 아뢰되 "내 나그네 길의 세월이 백삼십 년이니이다. 내 나이가 얼마 못 되니 우리 조상의 나그네 길의 연조에 미치지 못하나 험악한 세월을 보내었나이다" 하고

📖 성경 이해

가나안 땅에 기근이 2년 동안 계속되면서 야곱의 대가족은 큰 어려움에 빠져들었다. 돈을 주고도 양식을 구할 수 없는 절체절명의 위기가 찾아온 것이다. 평생 먼지투성이 길을 샌들 하나 신고 도망 다니는 인생을 살았는데, 이제 노년의 나이에 굶어 죽을지도 모를 위협을 느끼고 있다니… 더구나, 이 흉년이 몇 년 동안 계속될 거라는 흉흉한 소문에 무거운 마음으로 어두운 나날을 보내고 있었다.

그런데, 오래전에 형들을 찾아 집을 나갔던 요셉이, 짐승에게 찢겨 죽은 줄 알았던 요셉이 살아있다는 소식을 들었다. 그 요셉이 이집트에서 아버지 야곱과 형제들의 모든 가족 66명을 태울 최고급 수레에 많은 식량을 실어 보내왔다. 꿈에 그리던 아들 요셉이 있는 이집트에는 먹을 것도 풍족하다니 그곳으로 가기로 마음을 정했다(창45:28, 46:5~6).

마차가 달리며 일으키는 먼지를 보며, 야곱은 평생 일어난 수많은 사건이 뿌연 먼지처럼 뇌리를 스쳐 지나갔다. 마차 바퀴처럼 쉴 새 없이 달리고 달려왔지만, 먼지뿐인 인생은 아니었을까!

늙은 나이에, 오랫동안 정착해 살았던 가나안 땅을 떠나 완전히 생소한 땅으로 대가족을 이끌고 모든 소유와 가축들과 함께 떠나기로 마음먹기까지 그의 가슴은

한 없이 떨렸다. 불안과 초조, 기대감에 떨렸다. 다시 이 땅으로 돌아올 수 있을까, 아니면 영영 돌아오지 못할 수도 있는 모험을 하는 것이었다.

이집트로 향하는 여정 가운데 자녀들과 손자들의 얼굴을 물끄러미 쳐다보며 그들의 이름을 불러보았다. 혼자 메마른 막대기 하나를 손에 잡고 아버지 이삭의 집을 도망치듯 떠나왔는데, 지금은 66명이 되었다(창세기 46:26).

야곱을 태운 수레가 이집트 국경선으로 들어서자, 저 멀리서 아버지 야곱을 영접하려고 아들 요셉이 말을 타고 달려오고 있었다(창세기46:29). 오랜만에 요셉을 안아 보는데 피부에 닿는 느낌은 어린 요셉을 안았을 때를 생각나게 했다.

이집트에 도착한 후 요셉의 인도로 이집트 왕 바로를 만났다(창47:7). 야곱이 바로를 축복하기 전에 바로가 질문을 했다. 한 번도 받아보지 않았던 질문이었다. "어르신, 연세가 얼마나 되셨는지요?(창47:8)." 야곱은 "130살입니다."라고 대답하는 것으로 충분한데 왕에게 설명을 덧붙였다. 나이가 들면 하고 싶은 말이 많다. 묻지도 않은 이야기보따리를 풀었다. 야곱은 자신의 130년 인생을 돌아보고 솔직한 심정을 얘기한다. "130년을 살았지만, 인생은 정말 짧네요. 그동안 살아보니 험악한 세월이었습니다(창47:9)." 야곱의 진심이 담긴 솔직한 고백은 그의 자녀들과 후손들에게 잊지 못할 유산이 되었다.

🍳 **질문**

1. 당신의 나이는 얼마나 되는가?
2. 당신이 살아온 인생을 어떻게 표현할 수 있겠는가?

🙏 **기도**

하나님 아버지, 나이가 들면서 인생이 정말 짧고 쉽지 않음을 고백합니다. 남은 생애는 영원하신 하나님 손에 이끌려 살게 하시고, 주 안에서 인생의 모든 짐을 내려놓고 온전한 쉼을 누리는 삶을 살게 하옵소서. 아멘!

노트

제4일 코를 길게 하는 영적 유산

성경 구절 출애굽기 34:6

여호와께서 그의 앞으로 지나시며 선포하시되 여호와라, 여호와라. 자비롭고 은혜롭고 노하기를 더디 하고 인자와 진실이 많은 하나님이라.

📖 성경 이해

화를 참지 못해 물건을 던져서 깨뜨린 경험이 있는가? 80세가 넘은 노인이 가슴 속에서 욱하고 치밀어 올라오는 분노를 절제하지 못하고 감정이 폭발하여 자기 손에 있던 돌판 두 개를 멀리 던져 깨뜨려 버렸다. 그 노인은 바로 '모세'였다.

모세는 40일 동안 시내산에서 여호와 하나님과 깊은 교제와 소통을 하였다. 하나님께서 직접 돌을 자르고 다듬어 글자를 새긴 증거판 두 개를 모세의 손에 들려주셨다. 그런데 그 시간, 산 아래쪽에서는 아론의 총지휘 아래 이스라엘 백성들이 금송아지 우상을 만들어 광란의 축제를 즐기고 있었다. 이 광경을 본 모세는 격노하여 하나님이 손으로 직접 써 주신 증거의 두 돌판을 던져버린 것이다! 얼마나 화가 났을까? 그것은 정당한 분노였던가?

하나님은 분노하여 이스라엘 백성을 진멸시키려고 하셨다. 모세는 하나님의 진노를 진정시키기 위하여 하나님 앞으로 나아가 "하나님, 은혜를 베푸소서. 이 백성을 향한 진노를 거두어 주소서 하나님의 크신 영광을 보게 하여 주소서!(출애굽기 33:18)" 라고 강청하는 기도를 드렸다. 하나님은 노하기를 더디 하시는 분이심을 모세는 알고 있었으므로… 하나님은 모세에게 돌판을 두 개 준비하여 시내산으로 다시 올라오도록 명령하신다(출애굽기 34:1~4). 하나님은 모세에게 하나님의 이름을 알려주시고 하나님의 성품을 알려주신다. '나는 노하기를 더디 하는 분'이라고.

성경은 하나님의 성품을 다양하게 설명하는데 특별히 '노하기를 더디 하시는' 성품을 가지고 계신다(출애굽기 34:6). 한글 성경 '노하기를 더디 한다'라는 히브리어 원문은 '코가 길다'라는 뜻이다. 히브리인 유대 문화의 배경을 이해해야 긴 코가 어떤 의미인지 알 수 있다. 코가 길다는 것은 화를 절제하고 천천히 낸다는 뜻이다. 머리끝까지 화가 났을 때 우리의 표정을 생각해 보자. 얼굴은 달아오르고 콧구멍은 벌름거리며 콧구멍에서 연기가 나오는 모습 말이다.

한국과 동양 사람은 유전적 외모 모습에 따라서 전반적으로 코가 낮고 작아서 어른들이 유아들의 코를 잡아서 당기며 "코가 높아져라"고 축복하였다. 피노키오 이야기는 코가 긴 것을 '거짓말이 심한 정도'로 해석한다. 현대 의학의 최첨단 발전으로 코를 세우는 수술 작업을 쉽게 한다.

성경에서 긴 코를 가졌다는 표현은 화를 멀리하고 노하기를 더디 하는 자의 모습이라는 의미이다. 영적 유산을 계승해야 주어야 하는 시니어는 자기의 코를 잡아 당기면서 이렇게 기도하면 어떨까? "주님, 저에게 긴 코를 주십시오. 어떤 상황에서도 화를 참고 인내하는 제자가 되게 하여 주세요," 라고. 예수님의 모든 제자는 긴 코를 가진 자가 되어야 한다. 만나기만 하면 화가 나고 사사건건 부딪치는 가족이나 이웃들을 만날 때 자기의 코를 당겨보자.

☕ 질문

1. 나는 분노를 조절하지 못하는 습관이 있는가?

2. 나는 다음 세대에게 긴 코를 가지고 인내하는 유산을 남겨주고 싶어 하는가?

3. 나를 향하여 오래 참으시고 노하기를 더디 하시는 하나님을 개인적으로 만났는가?

🙏 기도

하나님 아버지, 죄를 범하여 하나님의 진노를 받아 마땅한 나를 참아 주시고 노하기를 더디 하셔서 예수님을 믿게 하여 나를 받아 주신 은혜를 감사드립니다. 나도

한평생을 살아가며 주위 사람과 환경에 분노하지 않고 참아 주는 사람이 되도록 인도하여 주옵소서. 다음 세대에게 오래 참는 영적 유산을 남기도록 인도하여 주옵소서. 나를 참아 주신 하나님 감사합니다. 아멘!

노트

제5일 다음 세대에 계승해 줄 하나님 말씀

성경 구절 신명기 6:7-9

네 자녀에게 부지런히 가르치며 집에 앉았을 때든지 길을 갈 때든지 누워 있을 때든지 일어날 때든지 이 말씀을 강론할 것이며 너는 또 그것을 네 손목에 매어 기회를 삼으며 네 미간에 붙여 표로 삼고 또 네 집 문설주와 바깥 문에 기록할지니라.

📖 성경 이해

하나님은 이스라엘의 부모와 조부모가 자기의 다음 세대 후손들에게 가정에서 부지런히 말씀을 가르치도록 사명을 주셨다(신명기6:7). 가르침은 공식적인(formal)형태와 비공식적인(informal) 형테가 있다. 부모와 조부모가 공식적으로 가르칠 뿐 아니라, 비공식적으로도 가정에서 말씀과 가까이하는 삶을 후손들이 눈으로 보고 피부로 느끼며 선대의 모델을 그대로 본받을 수 있도록 살아야 한다. 공식적인 교육은 말씀 중심의 교육, 하나님의 법도와 율례와 예배를 통한 하나님 섬김의 교육이고, 비공식 교육은 부모들이 가정에서 언어습관, 이웃을 섬기는 일, 가족 간에 사랑과 용서와 인내로 화목을 이루는 일 등, 날마다 삶으로 드리는 예배를 보여주는 시청각교육이라고 할 수 있다.

모세는 가정에서 말씀을 자녀들에게 가르치는 네 가지 중요한 타이밍을 이렇게 기록했다(신6:7).

첫째, 앉아 있을 때이다.

자녀들과 눈을 마주 보고 앉아 있어야 말씀을 가르칠 수 있다. 현대의 가정은 한 지붕 밑에 살지만, 각자의 바쁜 일 때문에 함께 앉아, 식사할 여유조차 없다. 아침저

녁 스치듯 얼굴도장만 찍는 삭막하기 그지없는 삶을 산다. 함께 앉아 식사하며 하루를 정리하며 말씀으로 마무리하는 시간이 꼭 필요하다. 이것이 '앉음 제자훈련' 레거시이다.

둘째, 길을 갈 때이다.

이스라엘은 출애굽을 하고 광야를 지나며 수많은 시간을 걷고, 또 걸었다. 이 때는 가족과 자녀들과 대화하기 아주 좋은 시간이었다. 그들은 가나안 정복 후에도 양을 칠 때나, 농사를 지을 때나, 자녀들과 함께 걷는 길에서 하나님이 광야에서 어떻게 그들을 돌보셨고, 만나와 메추라기를 주셨으며, 홍해와 요단강을 어떻게 발로 걸어서 건넜는지, 마라에서 쓴 물을 단물로 바꾸시는 등, 수많은 기적을 행하심으로 이루신 구원의 역사를 마치 옛날애기를 하듯 자연스럽게 가르쳤다. 현대를 살아가는 우리 부모 세대는 자녀들과 소통이 없는 가정이 많다. 자녀와 함께 걸으며 자연스럽게 말씀을 나눌 시간을 확보하여야 한다. 이것이 '걸음 제자 훈련' 레거시이다.

셋째, 누워 있을 때이다.

이스라엘 부모들은 양을 치다가 밤이 되면 하늘을 보고 별을 보며 하나님의 말씀을 자연스럽게 전할 수 있었다. 우리 부모님들도 잠자리에서 옛날애기를 들려주셨다. 어서 밤이 되어 옛날애기 듣기를 얼마나 기다렸던가… 각자 흩어져 일과를 마치고 가정에서 다시 무사히 만남을 감사하며 자녀들을 재울 때 자장가 삼아 하나님 말씀을 들려줄 수 있다면 이보다 더 좋은 시간이 있겠는가? 자녀를 위해 간절히 올려 드리는 축복의 기도를 밤마다 듣고 자란 자녀들의 미래는 얼마나 아름다울지 가슴이 떨린다. 이것이 '누움 제자 훈련' 레거시이다

넷째, 일어날 때이다.

현대는 식구마다 일어나는 시간이 다르고, 아침 식사를 거르는 가정이 많다. 아침 시간은 어쩌면 가장 바쁜 시간일 수도 있다. 바쁠수록 더 말씀에 집중하고 더욱 기도해야 한다. 자녀들보다 더 일찍 출근해야 하는 부모들도 많다. 그렇다고 하루를 시작하는 시간을 건너뛸 수는 없지 않은가? 잠깐이라도 시간을 내어 자녀들을 말

씀으로 축복하는 전통을 만들어 보자(욥기23:12). 처음에는 바쁘다고 짜증을 낼 수도 있겠으나 하루를 보내며 부모의 말씀과 기도로 보호하심을 받는다는 체험이 있을 때 자녀들에게 좋은 훈련이 될 것이다(시편 5:3, 88:13). 이것이 곧 아침마다 주의 자비와 긍휼을 만나도록 돕는 (예레미야애가 3:22~23) **'기상 제자 훈련'** 레거시이다.

위에서 말한 4가지의 시간대는 끊임없이 24시간 하는 가정 훈련을 의미한다. 어떤 기계적인 형식으로 만들어진 단편적 커리큘럼 중심의 훈련이 아니라 날마다의 삶을 통해 후손들이 언제든지 주님을 찾는 일상의 삶을 개발하여 평생 훈련을 하는 것을 의미한다(시편55:17).

질문

1. 나는 하나님의 말씀을 얼마나 알고 있는가?
2. 나는 손주 세대에게 하나님 말씀을 어떻게 계승할 것인가?
3. 나는 나의 자녀와 손주를 제자로 세워야 하는 사명을 알고 있는가?

기도

하나님 아버지, 저희에게 천하보다 귀한 자녀와 손주들을 맡겨 주셔서 감사합니다. 그들을 가르치기 전에 우리가 먼저 하나님의 말씀을 깊이 알기를 원합니다. 다음 세대에게 어떤 레거시 보다 하나님의 말씀을 계승하는 가정이 되도록 인도하소서. 일상의 삶을 통하여 자연스럽게 하나님의 말씀을 그들에게 최우선 순위로 삼고 가르칠 수 있도록 도와주시옵소서. 아멘!

노트

제6일 은퇴도 없고 변함도 없는 레거시

성경 구절 여호수아 14:7-12

내 나이 사십 세에 여호와의 종 모세가 가데스바네아에서 나를 보내어 이 땅을 정탐하게 하였으므로 내가 성실한 마음으로 그에게 보고하였고, 나와 함께 올라갔던 내 형제들은 백성들의 간담을 녹게 하였으나 나는 내 하나님 여호와께 충성하였으므로 그날에 모세가 맹세하여 이르되 네가 내 하나님 여호와께 충성하였은즉 네가 발로 밟은 땅은 영원히 너와 네 자손의 기업이 되리라 하였나이다. 이제 보소서 여호와께서 이 말씀을 모세에게 이르신 때로부터 이스라엘이 광야에서 방황한 이 사십오 년 동안을 여호와께서 말씀하신 대로 나를 생존하게 하셨나이다. 오늘 내가 팔십오 세로되 모세가 나를 보내던 날과 같이 오늘도 내가 여전히 강건하니 내 힘이 그때나 지금이나 같아서, 싸움에나 출입에 감당할 수 있으니, 그날에 여호와께서 말씀하신 이 산지를 지금 내게 주소서, 딩신도 그날에 들으셨거니와 그곳에는 아낙 사람이 있고 그 성읍들은 크고 견고할지라도 여호와께서 말씀하신 대로 그들을 쫓아내리이다 하니

🗐 성경 이해

애굽에서는 젊었던 갈렙은 이제 85세 백발노인이 되어 가나안 땅에서 눈을 들어 산을 조용히 쳐다보고 있었다. 자기의 과거부터 지금까지 살아온 것을 잠시 돌아보니 하나님의 은혜이었음을 고백하지 않을 수 없었다. 이방인 출신으로 태어났으나 출애굽 전에 이스라엘 민족으로 개종한(Daniel Block, For the Glory of God, Baker Academic, 2014, p. 144) 갈렙은 육신적으로는 이스라엘의 후손이 아니었

지만, 개종 후 유다 부족으로 그의 호적을 옮겼다. 그리고 45년 전에 모세를 따라 출애굽 하였다.

갈렙에게 꿈만 같은 사건이 일어났다. 그것은 갈렙이 40살이 되었을 때 유다 부족의 대표로 선출되어 약속의 땅을 조사하러 떠난 것이다. 유다 부족 가운데 20살이상 군인으로 전쟁터에 갈 수 있었던 남성 74,600명(민 1:26-27) 가운데 선발되었으니 얼마나 큰 가문의 영광인가!

하나님이 아브라함에게 약속한 땅을 정탐하기 위해 선발된 11명과 함께 가데스 땅을 떠나서 북쪽으로 갔다. 목숨 건 사명이었다. 40일 동안 가나안 땅을 정탐하는데 갈렙 눈에 확 들어온 아낙 사람들의 모습을 잊을 수 없었다. 키와 몸집이 거대한 거인들이 험악한 산악지역에 거주하고 있는 것이었다. 그때 갈렙의 나이는 40살이었는데 약속의 땅 여러 지역 가운데 특별히 아낙 땅을 점찍어 두고 가슴에 담아두었다. 아낙 땅을 점령하여 하나님의 땅으로 만드는 것이 그의 비전이었다. 갈렙의 영(spirit)은 이스라엘 사람들과 달랐다 (민14:24). 무엇이 달랐을까? 갈렙은 영적으로 겁이 없고 용기로 가득 찬 영의 소유자였다. 아낙 사람들의 외형적 크기에 전혀 주눅 들지 않고 오히려 그들이 살고 있는 험한 산악지역을 가슴으로 품었다.

40일의 정탐을 마치고 이스라엘의 진영으로 돌아와 모세 앞에서 수집한 핵심 정보를 발표하는데, 10명 정탐꾼은 가나안 땅으로 갈 수 없다는 부정적 뉴스를 다수 의견으로 밀어붙였다. 그때 갈렙은 동료 여호수아와 함께 반대 대열에 앞장섰다. 갈렙은 지금 당장 올라가서 가나안 땅을 취하자고 외쳤다.

갈렙은 아브라함 후손들의 믿음 없음을 보고 가슴 찢어지듯 답답했다. 가나안까지는 며칠밖에 걸리지 않는 거리인데 40년 동안이나 광야에서 귀중한 시간을 허비해야 한다니… 이스라엘 공동체 안에 믿음 없고 불평하는 1세대 때문에 갈렙은 자신의 40년을 허비할 수밖에 없었다. 만약 다른 사람 때문에 나의 인생의 40년이 날아간다면 미칠 것 같지 않겠는가? 그렇지만, 갈렙이 후세에게 남긴 레거시는 하나님은 선하시기에 어떤 환경 가운데에서도 하나님의 선한 계획을 믿고 온전히 순종해야 한다는 것이었다. 갈렙은 주위 세상의 여론에 대해서는 귀를 굳게 닫고, 대신 눈은 활짝 뜨고 오직 하나님만 바라보며, 온전히 따르고 충성했다(민 14:21; 수 14:8).

민수기 13-14장에 정탐꾼으로 사명을 마친 후, 갈렙의 이야기는 여호수아 14장까지 전혀 나타나지 않는다. 45년의 세월이 흘렀다. 45년을 어떻게 기다렸을까? 45년을 기다린 갈렙에게서 배우는 영적 교훈이 있다. 첫째, 세월은 변하지만 비전은 변하지 않는다는 것이다. 늘어난 나이의 숫자와 이마의 주름살은 갈렙의 비전을 전혀 변질시키지 못하였다. 그의 영은 절대로 늙어가지 않았다. 노인이 되는 것이 아니라 비전의 나이가 늘어난 성인이 되었다. 45년 가슴에 품은 비전은 45배 더 강해졌고 커졌다. 45년 이후 갈렙이 85살이 되었을 때, 그는 40살 때 가슴에 품었던 비전을 성취하기 시작하였다. 은퇴에는 전혀 관심이 없고 어떻게 비전에 충실한 삶을 살아야 하는지 고민하는 영적 거장이 되었다. 여호수아 14장에 갈렙은 '이 산지를 주옵소서' 외치며 아낙 부족들을 정복하였다(수 14:13-15). 갈렙의 인생 사전에 "포기, 중단"이라는 단어는 없었다. 그는 비전이 성취되는 마지막까지 중단하지 않았다. 매일 아침 비전을 보면서 눈을 뜨고 비진의 아침을 날마다 먹으며 하루를 시작했고, 매일 저녁 비전의 꿈을 꾸며 잠자리에 누웠다.

갈렙은 흙수저 배경으로 사회에서 소외된 사람이었지만, 하나님의 자녀로 입양되어 거룩한 시대적 정체성을 회복하였다. 또한 최고의 자리가 아닌 2인자의 자리에서 드러나시 않아서 사람들에게는 충분히 인정받지 못했을 수 있었지만, 오직 하나님께 충성하여 다음 세대에게 믿음과 섬김의 영적 유산을 남겼다.

🎙 질문

1. 나에게도 갈렙처럼 세월에 흔들리지 않는 변함없는 비전이 있다면, 무엇인가?

2. 나도 갈렙처럼 인생을 잘 마치려면 어떠한 삶을 살아야 하는가?

3. 내가 정복해야 할 남은 산지는 무엇인가?

🙏 기도

하나님 아버지, 긴 세월에 쉽게 변질되고 흔들리는 나의 믿음과 비전 없는 모습을 자백하며 주님의 도움을 요청합니다. 은퇴 없고 변함없는 영적 유산을 이어주는 삶을 살도록 갈렙이 소유했던 것과 같은 영성을 저에게 주옵소서. 아직도 나의 삶 가운데 미완성 과제로 남아 있는 산지를 주님의 복음으로 점령하도록 담대함을 주옵소서. 아멘!

노트

....

....

....

....

....

....

....

....

....

제7일 희생이 낳은 위대한 영적 유산

성경 구절 룻기 4:8-10, 17

"이에 그 기업 무를 자가 보아스에게 이르되 네가 너를 위하여 사라 하고 그의 신을 벗는지라 보아스가 장로들과 모든 백성에게 이르되 내가 엘리멜렉과 기룐과 말론에게 있던 모든 것을 나오미의 손에서 산 일에 너희가 오늘 증인이 되었고 또 말론의 아내 모압 여인 룻을 사서 나의 아내로 맞이하고 그 죽은 자의 기업을 그의 이름으로 세워 그의 이름이 그의 형제 중과 그곳 성문에서 끊어지지 아니하게 함에 너희가 오늘 증인이 되었느니라 하니… 그의 이웃 여인들이 그에게 이름을 지어 주되 나오미에게 아들이 태어났다고 하여 그의 이름을 오벳이라 하였는데 그는 다윗의 아버지인 이새의 아버지였더라"

📖 성경 이해

어떤 선택은 우리 인생을 결정한다. 사사기 시대의 사람들은 '각기 자기 소견에 옳은 대로' 생각하고 행하였다(사사기21:25). 사사시대에 두 아들과 함께 베들레헴에 살던 에브랏 부족의 한 부부가 극심한 흉년을 피해 고향을 떠나 모압 지방으로 이민 가서 사는 '선택'을 하였다. 불행하게도 집안의 가장인 남편이 죽고 결혼하여 살던 두 아들도 다 죽었다. 모압에 거주한 지 10여 년 사이에 일어난 일이다. 남편과 두 아들을 잃은 과부 '나오미'와 두 며느리 과부만 남겨졌다.

나오미는 이제 고향 베들레헴으로 돌아가겠다는 선택을 했다. 두 며느리 중 큰 며느리 오르바는 모압에 남는 선택을 하고, 작은 며느리 룻은 시어머니를 따라 베들레헴으로 돌아오는 선택을 했다. 이 두 며느리의 각기 다른 선택이 그들에게 완전히 다른 미래를 결정했다. 베들레헴으로 돌아온 나오미와 룻, 두 과부는 바닥 생활부터 다시 새롭게 시작한다.

이스라엘은 집안의 대(代)가 끊어지지 않고 이어지도록 하는 특별한 문화가 있다. 그것이 바로 '기업 무를 자' 제도인데, 기업을 되찾아 주는 사람이다. 기업 무를 자는 가난한 친족의 기업(땅)을 다시 사서 되돌려 주거나, 자녀가 없이 죽은 친족인 경우, 그 미망인과 결혼하여 집안의 대를 살리는 사람이다.

나오미의 남편 엘리멜렉 집안의 대가 끊어질 위기의 상황에 친족 중 한 사람이었던 '보아스'가 공식적으로 증인들 앞에서 이 가정의 '기업 무를 자'가 되겠다고 나섰다. 많은 경제적 대가를 치러야 하는 '선택'을 한 것이다. 보아스는 자기의 재산을 들여 엘리멜렉의 원래 소유였던 땅을 사서 나오미에게 거저 돌려주었다. 또한 룻과 결혼하여 자기의 씨로 낳은 아들을 나오미에게 주었다. 태어난 오벳은 법적으로 엘리멜렉과 나오미의 손자가 되었다. 보아스의 선택이 한 집안을 온전히 세워준 것이다. 위대한 헌신과 희생의 영적 유산을 남긴 것이다.

자기의 재물과 몸을 드려 희생한 보아스를 하나님은 과연 어떻게 보상하고 축복하셨을까? 보아스가 선택한 희생은 다음 세대에 어떤 레거시를 남기게 될까? 하나님이 조건 없는 희생을 선택한 보아스에게 위대한 축복을 주시는데, 그의 이름이 다윗의 조상이 되어 예수님의 족보에 올라가게 되었다(룻기 4:21~22, 마태복음 1:5).

나이가 많아지면 이기적이고 자기중심이 되기 쉽다. 자기만을 위해서 사는 세대가 가장 이기적인 세대이다. 그러나, 진정한 영적 유산을 다음 세대에게 남기려면 보아스처럼 희생을 선택해야 한다. 예수님의 가르치심 대로 섬김을 받는 자리가 아니라, 섬기는 자리로 내려가는 것을 선택한 사람이 위대한 자가 되는 것이다.

🥄 질문

1. 나는 보아스처럼 다음 세대를 위해서 희생의 길을 선택할 수 있는가?

2. 내가 다음 세대를 위해 희생해야 한다면 무엇을, 어떻게 할 것인지 묵상해 보라.

3. 나의 다음 세대들 가운데 다윗 같은 위대한 하나님의 사람이 나오기를 기대하는가?

🙏 기도

하나님 아버지, 다음 세대를 위해서 나의 모든 것을 주님께 드립니다. 대접받고 섬김을 받는 자리에서 희생하고 섬기는 자리에 가는 마음과 영을 주옵소서. 인생 마지막에 세상적으로 평안하게 나 중심대로 살지 않고 하나님의 큰 계획 아래 다윗 같은 위대한 후손들이 나올 수 있도록 부족한 나의 삶을 주님께 드립니다. 아멘!

노트

....

....

....

....

....

....

....

....

....

제8일 말씀 먹고 아침 먹기

성경 구절 욥기 23:12
내가 그의 입술의 명령을 어기지 아니하고 정한 음식보다 그의 입의 말씀
을 귀히 여겼도다.

📖 성경 이해

할아버지가 된 욥은 손주들을 거실에 불러서 원형으로 앉게 한 후 달콤한 사탕
같은 과자를 나누어 주면서 이야기보따리를 풀기 시작했다. 선대의 삶에 하나님이
작가 되신 레거시를 후손들에게 계승하기를 소망했다. 할아버지에게 과거에 일어났
던 고통의 이야기를 듣던 손주들이 눈을 크게 뜨고 질문을 했다. "우리 할아버지, 많
이 아프셨겠다. 눈물 흘리며 많이 우셨죠? 힘든 고통을 만났을 때 할아버지는 어떻
게 극복하셨어요?"

욥은 손주들의 질문에 서슴지 않고 대답한다. 후대에게 자신의 삶의 경험을 통하
여 배운 영적 원리를 가르칠 수 있는 영적 타이밍이 왔을 때 기회를 잡아서 욥은 자
기 생각을 정리하고 입을 열어서 손주들에게 설명한다. 욥의 손주들도 욥처럼 사단
의 방해와 세상의 위험이 가득 찬 이 땅에서 한 생애를 살아갈 때 그들이 만날 수 있
는 각양의 문제들로 고통을 만날 것은 확실한데 그들이 그 고통들을 성공적으로 극
복하도록 핵심 원리를 계승한다.

"할아버지가 가장 힘들 때 힘이 되었던 것이 두 가지가 있었다. 알고 싶지? 첫째
는 하나님의 섭리이다. 아무리 힘들고 우리에게 이해되지 못하는 상황을 만날 때도
하나님은 선하신 것을 꼭 기억해라. 그리고 그 고통들을 통하여 하나님이 할아버지
를 순금처럼 더 순결한 사람으로 빚어주셨단다(욥기 23:10). 자, 질문한다. 첫째가

무엇이라고?" 손주들이 큰 소리로 대답하였다. "하나님의 섭리입니다."

손주들의 대답을 듣고 만족의 미소를 지은 욥은 이야기를 이어갔다. "둘째는 하나님의 말씀이다. 할아버지는 말씀으로 모든 고통을 이겨냈다. 매일 먹어야 하는 식사보다 하나님의 말씀을 더 중요하게 여기는 원리대로 살았다(욥기 23:12). 밥을 먹기 전에 항상 하나님의 말씀을 먼저 먹어야 영적으로 살 수 있고 풍성한 삶을 살 수 있다(예레미아 15:16). 성경책은 보통 책이 아니라 하나님의 말씀이다. 이 말씀은 우리 인생의 등이요 빛이다(시편 119:109)."

욥처럼 신앙인들은 오른손에는 하나님의 섭리, 왼손에는 하나님의 말씀을 들고 살아가는 모습을 다음 세대에 영적 유산으로 남겨야 한다.

☞ 질문

1. 나는 내가 만난 깊은 상처와 고통을 하나님의 섭리로 하나님이 주관하셨다는 시각으로 보면서 온전한 치유를 체험했는가?

2. 나는 하나님의 말씀을 매일 필요한 음식보다 더 소중히 여기는 큐티 생활을 어떻게 하고 있는가?

3. 나는 후대에게 어떤 영적 유산을 남기기 원하는가?

🙏 기도

하나님 아버지, 하나님은 선하시고 나를 순금처럼 단련하시는 주님이심을 찬양합니다. 하나님의 선한 섭리로 나의 한 평생 전체를 볼 수 있는 시각을 주시고 남은 인생을 주님의 섭리로 덮어 주옵소서. 그리고 하나님 말씀을 가장 중요하게 여기는 삶을 살게 하시고, 다음 세대에게 성경 말씀을 최고의 우선순위로 선택하는 영적 유산을 계승하게 하옵소서. 아멘!

노트

제9일 하나님을 눈으로 본 신앙 유산

성경 구절 욥기 42:5
내가 주께 대하여 귀로 듣기만 하였사오니 이제는 눈으로 주를 뵈옵나이다.

📖 성경 이해

인생의 가장 혹독한 시기, 사는 것 보다 죽는 것이 더 낫겠다고 몸부림치며 죽음을 기다리던 사람이 140년의 생을 덤으로 선물 받아 살아낸 한 시니어의 이야기이다. 인생을 마감할 시간이 얼마 남지 않은 그는 자기 자손 1대부터 4대까지 한 자리에 불러서 자신의 인생 보따리를 풀어 나누며 자녀손들을 둘러보고 있다. 그는 '미움 당하다'라는 의미의 이름을 가진 사람 '욥'이다.

욥은 우스 땅에서 사랑하는 아내와 하나님이 주신 아들 일곱과 딸 셋을 데리고 단란한 가정을 이루고 사는 모범적인 가장이었다. 자녀들을 키우며 세상에 오염되지 않도록 종교적인 행사와 문화생활을 하도록 최선을 다해 키웠다. 하나님을 경외하게 하였고, 죄에서 밀리하도록 경계하며 키웠으며, 또한 자신도 그러한 삶을 살아왔다. 이런 '욥'을 사탄이 싫어하는 것은 당연하다. 끊임없이 시험하고 공격하였다.

소유하고 있던 재산을 전부 잃고 자녀들까지 모두 하루아침에 죽었다. 그의 몸은 눈으로 차마 볼 수 없을 만큼 처참한 몰골이 되었다. 가장 가슴 아픈 것은 사랑하는 아내마저 하나님과 그를 저주하고 떠나버렸다. 친하던 친구들의 동정하는 말들은 오히려 그의 마음을 더 아프게 찢어 놓았다.

인생의 가장 힘든 과정을 겪은 후, 욥은 하나님께 갑절의 축복을 받았다. 인생 후반전이 새롭게 열린 것이다! 욥의 증손주, 손주, 자녀들이 귀를 기울이며 듣고 있었다. "나는 인생의 전반전보다 마지막에 하나님의 축복이 갑절로 임했다. 그 축복을 지금 너희들이 누리고 있는 것이다." "할아버지는 어떻게 하나님의 축복을 갑절로 받으셨어요?" 후손들이 욥에게 물었다.

욥은 깊이 회상하였다. "할아버지는 종교적으로 열심인 사람이었단다. 율법을 지키며 살았고 하나님에 관하여는 귀로 열심히 들었지. 하나님에 관한 지식은 참 많이 알고 있었어. 그런데 인생의 고통의 터널을 지나오며 하나님을 만나게 되었다. 직접 내 눈으로 말이다. 소문과 귀로만 듣던 하나님이 아니라, 내 눈으로 보고 체험하게 되었어. 굉장한 일이었지. 너희들은 절대로 과거의 나처럼 종교인이 되지 말고 하나님을 눈으로 보는 신앙을 갖기 바란다."라며 욥은 하나님을 직접 보고 경험하는 영적 유산을 전해 주었다.

하나님은 멀리 계신 분이 아니다. 높은 담을 쌓아 놓고 멀리 서서 우리를 감시하시는 분이 아니다. 하나님과 인간 사이의 떨어진 거리가 1,000 걸음이라면, 하나님은 우리를 향하여 999걸음 앞으로 다가오시는 분이다. 우리는 오직 한 걸음만 주님 앞으로 가면, 곧바로 주님을 눈으로 보고 만날 수 있다.

지금 하나님은 우리 마음 문 앞에서 문을 두드리고 계신다. 마음의 문을 열고 한 발짝만 나가면 하나님과 눈을 맞추고 식탁 교제를 할 수 있다(계시록 3:20).

우리가 다음 세대에게 남길 영적 유산은 종교 생활이 아니다. 인격적으로 하나님을 만나는 체험을 통해 하나님이 얼마나 선하시고 좋은 분인지 맛보아 아는 신앙을 욥처럼 4대, 아니 천 대까지 영적 유산으로 남겨야 한다.

🍳 질문

1. 나는 종교인인가? 하나님을 눈으로 체험한 신앙인인가?

2. 손주 세대에게 어떤 영적 레거시를 남기고 싶은가?

3. 어떻게 하나님을 눈으로 볼 수 있는가?

🙏 기도

　하나님 아버지, 종교에는 열심이었으나 하나님을 인격적으로, 눈으로 뵙지 못한 나를 용서하여 주옵소서. 나의 인생 노년의 시기에 영의 눈을 열어 하나님을 만나 입술로 고백할 수 있는 실체적인 신앙으로 살게 하옵소서. 귀로만 듣는 신앙이 아니라, 눈으로 보는 신앙을 다음 세대에게 계승할 수 있도록 매일 주님과 교제하며 주님과 깊은 관계를 갖게 하옵소서. 아멘!

노트

제 10 일 지혜로운 마음

성경 구절 시편 90:10 ~ 12

우리의 연수가 칠십이요 강건하면 팔십이라도 그 연수의 자랑은 수고와 슬픔뿐이요 신속히 가니 우리가 날아가나이다. … 우리에게 우리 날 계수함을 가르치사 지혜로운 마음을 얻게 하소서.

📖 성경 이해

120살까지 살았던 인생의 선배 모세는 후대들에게 사람의 연수는 속히 날아가는데, 남은 날을 잘 계수하여 남은 생애를 어떻게 살아가야 할지 지혜를 구하는 기도를 드렸다. 세월의 속도는 당긴 화살처럼 빨라서 우리가 붙잡을 수도 없고 우리의 사정에 따라 기다려 주지도 않고 달려간다.

나의 현재 나이는 어느 시점에 있는지 재점검하는 지혜가 필요하다. 그 이유는 남은 날 동안 하나님의 뜻에 따라 성경적 레거시(Legacy)를 후대에게 남겨야 하는 거룩한 부담과 부르심이 있기 때문이다. 그러면 레거시는 무슨 뜻인가? 영어 Inheritance(인헤리턴스)와 Legacy(레거시)는 '상속 받은 유산'이라는 같은 의미로 해석하나, 또 다른 의미도 있다. 즉, '헤리티지'는 내가 소유한 것을 누군가에게 넘겨 주는 것(to someone)을, '레거시'는 내가 소유한 것을 다음 세대의 삶 속에 남기는 것(in some one)을 의미한다. / James Dobson, Your Legacy:The Greatest Gift, Faith Words, (2014, P221,227).

요약하면 '인헤리턴스' 는 손에 남기는 것을 의미하고, '레거시'는 가슴속 깊은 곳에 남기는 것을 의미한다. '인헤리턴스'는 우리 눈에 보이는 물질적 유산을 의미하고, '레거시'는 눈에 보이지 않는 정신적, 영적 유산까지 포함하는 의미이다.

모세가 한탄하며 고백한 것처럼 우리 인생의 길이가 칠십이요 강건하면 팔십, 아니 요즘은 백 세라고 하는데, 남아 있는 우리의 시간 동안 나는 어떤 레거시를 다음 세대에게 아름답게 남길 것인가?

우리의 삶을 재조명하고 재정렬해야 할 것이다. 남은 시간이 넉넉한 것 같아도 눈 깜빡할 사이에 날아가 버리기 때문이다. 우리는 의도적이든, 의도적이지 않든 어떤 형태로든지 다음 세대에 레거시를 남긴다.

누구나 할 수만 있다면 성경 말씀이 인정하는 좋은 영적 유산을 후대에게 남기고 싶은 거룩한 욕심이 있다. 그런데 우리 남은 삶을 통하여 다음 세대에 그러한 성경적 레거시를 남기기 위해서는 지혜로운 전략이 필요하다. 혹시 계획 없이, 명확한 방향 설정도 하지 않고 그날그날을 낭비하며 소모적인 삶을 살고 있다면, 어떤 부분을 재조명하고 재조율할까, 자신을 돌아보아야 한다.

☙ **질문**

1. 내 남은 생애 중 내 연수는 어디쯤인가?
2. 좋은 레거시를 남기기 위해 나에게 어떤 지혜가 필요한가?

🙏 **기도**

하나님 아버지, 나의 남은 인생을 주님이 주신 지혜로 살기를 소원합니다. 우리에게 주신 귀하고 귀한 다음 세대에게 성경적 레거시를 계승할 수 있도록 전략적으로 계획하고 실천할 수 있는 지혜를 주시고 우리의 남은 삶을 인도하여 주시옵소서. 아멘!

노트

제11일 신앙 고백과 사명

성경 구절 마태복음 16:13-16

예수께서 빌립보 가이사랴 지방에 이르러 제자들에게 물어 이르시되 "사람들이 인자를 누구라 하느냐?" 이르되 "더러는 세례 요한, 더러는 엘리야, 어떤 이는 예레미야나 선지자 중의 하나라 하나이다." 이르시되 "너희는 나를 누구라 하느냐?" 시몬 베드로가 대답하여 이르되 "주는 그리스도시요 살아 계신 하나님의 아들이시니이다."

📖 성경 이해

여행은 몸으로 하는 독서로 영적 유산을 창조하는 시간이다. 이에 여행자는 여행을 통하여 잊지 못할 추억을 만들면서 개인적 레거시를 축적한다. 구약의 이스라엘 백성들은 애굽을 떠난 후 40년의 긴 여행을 통하여 약속의 땅으로 들어갔다. 그 여행 과정에서 발생한 수많은 사건과 스토리들은 후세에게 레거시로 남겨졌다. 유월절과 성막은 후대에게 남겨진 위대한 영적 유산이다. 신약에서는 갈릴리 지역에서 사역하시던 예수님이 특별한 여행을 통하여 위대한 레거시를 창조하셨다. 예수께서 갈릴리로부터 약 50km 떨어져 있는 북쪽 지방 '가이샤라 빌립보(Caesarea Philippi)'로 제자들과 함께 여행을 가셨을 때이다.

가이사랴 빌립보는 원래 '이방 우상 숭배'의 중심 도시로 헤롯 왕의 아들 빌립이 세운 도시이다. 과거에 가나안의 이방신인 바알을 숭배하여 제사 지냈던 지역이었는데, 그 위에 도시를 건설한 것이다. 여로보암 왕이 두 마리 금송아지를 만들어 세운 장소가 '가이샤랴 빌립보' 근처이다(열상 12:28-30). (John Curried and David Barrett, ESV Bible Atlas, 2010, p. 228) 가이사랴 빌립보는 헬라 풍의 도시로, 특별히 시리아와 헬라의 돌 우상들이 많았던 도시이다(Barry Beitzel, Lexham Geographic Commentary on the Gospels, Bellingham, WA: Lexham Press, 2017, p. 293).

가장 중요한 인생 질문

예수께서 레거시 여행을 하시던 중 제자들에게 자연스럽게 두 가지 질문을 던졌다. "사람들이 인자를 누구라 하느냐?"와 "너희는 나를 누구라 하느냐?"를 개인적으로 물었다. 그 질문을 들은 제자들은 대답했다.

이 질문은 우리에게 동일하게 적용된다. 나는 예수님을 누구라 믿는가? 베드로의 신앙 고백이 2,000년 넘는 교회사에서 레거시로 계승되었던 것처럼 시니어의 신앙 고백이 대대 후손들에게 레거시로 계승이 되어야 하지 않을까?

가장 중요한 인생 사명

그 여행에서 베드로의 완벽한 신앙 고백이 드러났고, 여기서 예수님은 위대한 교회 세움의 레거시를 선포하신다. 그동안 예수님을 따라다니던 제자들은 여기서 예수님 사역의 핵심이 교회를 세우는 것임을 듣게 되었다.

그러면 왜? 예수님은 가이샤라 빌립보에서 교회 개척 레거시를 선포하셨을까? 사도 마태가 후세에게 전달하고 싶은 메시지는 과연 무엇일까? 놀랍게도 예수님의 계획은 돌 우상이 많은 지역에서 반석 위에 교회를 세우겠다고 선포하는 것이었다. 교회가 우상이 많은 곳에 세워지기 원하는 것이 예수님이 남긴 레거시이다.

영적 암흑 지역에서 베드로는 예수님이 메시야이시라고 완전하게 신앙 고백하고, 예수님은 제자들에게 교회 개척이라는 영적 유산을 남기셨다. 이에 제자들은 예수님의 그 유산을 이어받아 평생 교회를 섬겼다.

☞ **질문**

    1. 예수님은 나에게 어떤 분인가? 나는 예수님을 누구라고 믿고 있는가?

    2. 나는 후세에게 어떤 교회를 레거시로 남기고 싶은가?

🙏 **기도**

    하나님 아버지, 베드로처럼 예수님은 나의 주인이고 그리스도 입니다 그리고 살아 계신 하나님의 아들인 것을 입술과 마음으로 고백합니다. 확실한 신앙 고백으로 주님의 교회를 인생 마지막까지 사랑하고 섬기게 하옵소서. 그리고 다음 세대에게 나의 신앙 고백과 주님의 교회가 끊임없이 계승되도록 인도하여 주옵소서. 아멘!

노트

....

....

....

....

....

....

....

....

제12일 성전에서 계승된 신앙 유산

성경 구절 누가복음 2:22~35

모세의 법대로 정결 예식의 날이 차매 아기를 데리고 예루살렘에 올라가니 이는 주의 율법에 쓴바 첫 태에 처음 난 남자마다 주의 거룩한 자라 하리라 한 대로 아기를 주께 드리고 또 주의 율법에 말씀하신 대로 산비둘기 한 쌍이나 혹은 어린 집비둘기 둘로 제사하려 함이더라. 예루살렘에 시므온이라 하는 사람이 있으니 이 사람은 의롭고 경건하여 이스라엘의 위로를 기다리는 자라 성령이 그 위에 계시더라. 그가 주의 그리스도를 보기 전에는 죽지 아니하리라 하는 성령의 지시를 받았더니 "주재여 이제는 말씀하신 대로 종을 평안히 놓아주시는 도다. 내 눈이 주의 구원을 보았사오니 이는 만민 앞에 예비하신 것이요. 이방을 비추는 빛이요 주의 백성 이스라엘의 영광이니이다." 하니 그의 부모가 그에 대한 말들을 놀랍게 여기더라. 시므온이 그들에게 축복하고 그의 어머니 마리아에게 말하여 이르되 보라 이는 이스라엘 중 많은 사람을 패하거나 흥하게 하며 비방을 받는 표적이 되기 위하여 세움을 받았고 또 칼이 네 마음을 찌르듯 하리니 이는 여러 사람의 마음의 생각을 드러내려 힘이니리 히더라.

📖 성경 이해

예루살렘에 서서히 아침이 기지개를 켜기 시작한다. 새벽어둠을 뚫고 밝아오는 빛을 보며 침대에서 일어나 옷을 입은 백발의 할아버지는 평생 생활해 오던 경건한 습관대로 성전에 갈 준비를 하였다(시편27:4). 주의 성전에서 한 날이 세상에서 천

날보다 좋다는 영적 유산을 가치 있는 옷으로 입은 자이다(시편84:10). 성전 건물 자체보다 성전의 주인 되시는 하나님을 만나는 소망으로 습관을 따라 성전을 향해 발걸음을 옮겼다.

그는 한평생을 의롭고 경건하게 그리고 오래 기다리며 살아왔다(눅2:22-25).

오늘은 성전에 가면 뭔가 특별히 내려 주실 축복이 임하기를 기대하며 집을 나섰다. 그에게 부모님이 지어 준 이름은 '시므온'으로 "귀를 기울이다"라는 뜻이다. 그는 이름대로 하나님과 하나님 나라에 귀를 기울이며 일생을 살았다.

삼위 일체 하나님께 귀 기울임

유대인들의 전통 신발인 샌들을 신고 들어간 성전은 온갖 사람들의 소리로 가득 차 있었지만, 시므온은 가장 먼저 성삼위 하나님께 자신의 귀를 기울였다. 성령께서 인도하여 주실 것을 기대하며 귀를 기울였다(눅2:26-27). 마침 부모의 팔에 안겨 성전에 들어온 한 아기가 특별함을 알아보고 귀를 기울이고 주목하였다. 바로 주의 그리스도, 예수님이었다(눅2:26). 시므온은 하나님 아버지께 귀를 기울이며 찬양을 드렸다(눅2:28). 하나님의 성전으로 들어가는 연세 많은 시니어가 남길 수 있는 최고의 삶의 모습은 무엇인가? 나이가 들수록 귀가 무디어지지만, 영적 분별력으로 성삼위 하나님께 온전히 귀를 기울이고 만나는 것이다.

3세대에 귀 기울임

시므온은 성전에 찾아오는 수많은 사람 가운데, 오늘은 특별히 새로운 만남에 귀의 안테나 주파수를 높이 올렸다. 나사렛 지방 특유의 냄새가 몸에 배어 있는 한 젊은 부부가 유달리 눈에 띄었다. 그리고 그들이 안고 있는 아기에게 귀를 기울이도록 성령께서 마음의 감동을 주셨다. 시므온은 빠른 걸음으로 그 젊은 부부에게 다가가 축복의 인사를 건네고, 성령님의 인도하심으로 아기를 받아 품에 안았다(눅2:28).

성전에서 3세대가 만나는 레거시의 감사와 감격의 역사적인 순간이었다.

1대 시므온 조부모 세대와

2대 요셉과 마리아 부부와

3세대 아기 예수가 같이 성전에서 만난 것이다!

조부모 세대인 시므온은 먼저 손자 세대를 팔을 활짝 열고 품에 꼬옥 안았다. 그리고 요셉과 마리아 같은 아들, 딸 세대에게 입술을 크게 열어 축복하였다(눅2:34).

👕 질문

1. 나는 하나님의 성전에서 삼위 일체 하나님을 어떻게 만나고 있는가?

2. 나는 '시므온'처럼 다음 3세대까지 어떻게 신앙을 계승하고 있는가?

🙏 기도

하나님 아버지, 나의 남은 인생을 여호와의 집에 살면서 성부, 성자, 성령 하나님께 귀를 기울이고 살기를 소원합니다. 다음 세대들을 향해 나의 팔을 활짝 열어 안아주고, 나의 입을 열어 그들을 축복하며 영적 유산이 잘 계승되도록 인도하여 주세요. 아멘!

노트

....

....

....

제 13일 다음 세대를 위한 들러리 되기

성경 구절 누가복음 3:16

"요한(세례요한)이 모든 사람에게 대답하여 가로되 나는 물로 너희에게 세례를 주거니와 나보다 능력이 많으신 이가 오시나니 나는 그 신들메를 풀기도 감당치 못하겠노라. 그는 성령과 불로 너희에게 세례를 주실 것이요"

🔖 성경 이해

메마른 사막을 가로질러 흘러가는 물줄기를 향하여 수많은 무리가 모여들었다. 야생의 복장을 하고 거친 억양으로 열변을 토하는 한 사람에게 세례를 받기 위해서였다. 그의 설교는 군중을 압도하는 힘이 있었고 권위가 있었다. 바로 세례 요한이다.

그는 예수보다 6개월 먼저 태어났고, 일찍이 공(公)사역을 시작하여 군중들에게 신뢰와 존경을 받고 있었다. 아직 예수님이 사역을 시작하시기 전이니 말하자면 예수의 사회적 선배나. 이런 시기에 예수님께서 30년의 침묵을 깨고 공생애(公生涯) 시작을 위하여 공식적인 선포와 선배 세례 요한의 인정을 얻고자 세례받기 위하여 세례 요한 앞으로 나아 오셨다.

세례 요한은 군중들을 향하여 증언했다. "나는 이분의 신들메를 풀기도 감당치 못합니다(누가복음 3:16)." 라고 외치며 공식적으로 선포하였다. 신발의 끈을 푸는 것이 그렇게 어려운 일이었는가? 세례를 받기 위해 요단강에 모여든 사람들은 당연히 자기의 신발의 신들메를 풀어 신을 벗은 후 물에 들어가 세례를 받는다. 그런데 왜 시골 나사렛 청년 예수에게 이런 고백을 하였을까? 예수님도 세례를 받으려면

엎드려 신발 끈을 풀고, 신을 벗고 물로 들어가야만 하는 것이다. 세례 요한은 이 일을 감히 보고 있을 수 없었을 것이다.

당시에 일반인들이 신었던 신발은 샌들이었다. 모래가 많은 지역이라 신발 안으로 들어간 모래를 쉽게 털어내야 하고, 무거운 모래의 무게로 신발이 벗겨지지 않도록 바닥은 주로 가죽을 대었고 가죽끈으로 발에서 발목까지 묶어 신었다(Philip J. King & Lawrence E. Stager, Life in Biblical Israel, Westminster John Know Press, 2001, p272). 예수님께서 신발을 신고 걸어서 세례 요한이 세례를 주고 있던 물 흐르는 요단강으로 갔다. 신발 끈을 풀고 신발을 벗은 후에 물에 들어가서 세례를 받을 수 있다.

신발의 끈을 푸는 것은 결혼 과정에서 중요한 문화적 의미가 있다(Andrew Wilson, Christianity, September 2020, p34). 구약에서 신발을 벗기는 장면이 나온다. 신발을 벗기 위해서는 끈을 풀어야 한다. 여자가 남자의 신발을 벗기는 것은 결혼의 개념으로 그 남자를 법적인 신랑으로 받아들인다는 문화적 표현이다(신명기 25:9, 룻기 4:7).

세례 요한은 예수님의 신발 끈을 풀 자격이 없다고 하면서 자신은 신랑이 아니라고 선포한다. 하나님의 구원 역사의 주인공인 주연이 아님을 선포하는 것이다. 신랑을 높여주는 들러리 역할이 세례 요한에게는 가장 큰 기쁨이었다(요한복음 3:29). 예수님이 무대의 주연으로 빛날 수 있도록 최선을 다하여 후원하고 밀어주는 조연 역할을 충실히 감당하고 역사의 무대에서 조용히 사라지는 일이 그의 사명이었다.

세례 요한처럼 주연 역할보다 조연 역할은 우리의 레거시를 다음 세대에 계승하기 원하는 시니어들이 꼭 닮고 따라가야 할 희생의 모델이다. 다음 세대를 의도적으로 앞장세우고 자신의 자리를 양보하며 둘째 자리 위치에서 조연의 역할을 충실히 감당하여 사라지는 것이다.

세례요한이 추구하는 최고의 성공은 자신의 레거시를 예수님에게 계승하여 예수님이 가장 빛나게 하는 것이다. 예수님은 흥하도록 하고 자신은 기꺼이 쇠하였다 (요한복음 3:30). 그는 예수님에게 자신의 모든 것을 양보하고, 양도했다.

☞ 질문

1. 나는 다음 세대가 앞장서도록 그들의 뒤에서 밀어주는 들러리 역할을 어떻게 감당할 것인가?

2. 나는 나이 들어가면서 다음 세대에게 섬김을 받는 것보다 그들을 섬기는 삶을 살기로 결심하는가?

☙ 기도

하나님 아버지, 다음 세대를 세워주기 위해 등 뒤에 서서 그들의 버팀목이 되어 밀며 격려하고 힘들 때 기댈 수 있는 기둥이 되어 주는 조연의 역할을 감당하도록 분별력을 주옵소서. 다음 세대에게 걸림돌이 아니라 에너지를 주는 촉매제 역할을 적절하게 감당하는 성숙한 선대(先代)가 되도록 지혜를 주옵소서. 아멘!

노트

....

....

....

....

제14일 미래의 준비된 처소를 사모하기

성경 구절 요한복음 14:1~3

너희는 마음에 근심하지 말라. 하나님을 믿으니 또 나를 믿으라. 내 아버지 집에 거할 곳이 많도다. 그렇지 않으면 너희에게 일렀으리라. 내가 너희를 위하여 거처를 예비하러 가노니 가서 너희를 위하여 거처를 예비하면 내가 다시 와서 너희를 내게로 영접하여 나 있는 곳에 너희도 있게 하리라.

📖 성경 이해

천국에 계신 하나님 아버지께서 독생자 아들 예수님을 인간이 살고 있는 이 땅으로 보내 주셨다(요한복음1:14). 예수님은 성육신을 통하여 사람의 형상으로 우리와 동일한 성정을 가지신 사람의 몸으로 오셔서 고난을 당하셨으나 죄가 없으시다(히브리서 2:18, 4:15).

예수님은 완전한 신성과 완전한 인성을 가지신 분이므로 인간의 연약함을 경험하시고 알고 계시기에 우리를 동정하시고 넉넉히 도와주신다. 예수님은 이 땅에 계시는 동안 여러 마을과 도시를 다니시며 사람들의 아픔과 배고픔과 삶에 지쳐 괴로워하는 모습들을 보시고 함께 아파하셨다.

사람들은 하루하루 살아내야 하는 인생의 고생이 주는 무거운 짐 때문에 그들의 얼굴에는 피곤의 그림자가 드리워져 있었다(마태복음 9:36). 돌아갈 집은 있으나, 영혼이 쉼을 누릴 수 있는 처소가 없으면 그 인생은 피곤할 수밖에 없다.

예수님은 공생애 사역 3년 동안 제자들과 함께 지내시며 그들에게 천국에 관하여 비유로 가르치고 지식적으로 가르치며 또한 매일의 삶 가운데 어떻게 천국 백성으로 살아가야 할 것인지 보이면서 가르치셨다. 예수님은 그의 마지막 때를 제자들과 지내시며 간절한 심정으로 가장 의미심장한 말씀을 하시면서 중요한 시간을 보내셨다.

태양은 숨어 버리고 어두움이 찾아온 저녁 시간이었다. 저녁 식사 중에 예수님은 일어나셔서 더러운 제자들의 발을 씻기시며 섬김의 도를 보여주셨다. 그리고 제자들에게 3년 동안 가르치시고 몸소 보여주신 내용 가운데 중요한 핵심 메시지를 재정리하여 주셨다.

예수님께서 하늘로 떠난다는 말씀을 들은 제자들은 깜짝 놀라 두렵고 떨리는 마음을 주체할 수가 없었다. 예수님은 놀란 제자들에게 근심하지 말라고 위로하시며 하늘에 계신 아버지에 대해 새로운 내용을 깨우쳐 주신다. 하나님의 집에는 평수의 제한이 없는 무한한 공간이 있다. 그 공간에는 셀 수 없이 많은 방들이 있다고 하시며 세 가지를 알려 주셨다.

첫째는 제자들이 거할 수 있는 방이 있다. 그곳은 5성급 방이다.

둘째는 하나님이신 예수님께서 우리가 거할 방을 준비하시고 예비해 주실 것이다. 이 땅에서 왕이 거하는 어떤 화려한 궁궐도 하늘에 있는 우리들의 아름다운 집과는 비교할 수 없을 것이다.

셋째는 예수님께서 다시 오셔서 제자들의 손을 잡고 천국으로 데려가실 것이다.

이렇게 예수님은 제자들에게 미래에 준비된 처소가 레거시로 있다고 약속해 주셨다.

🖋 질문

1. 내가 이 땅을 떠날 때 살 처소는 어떤 곳인가? 어떤 처소에 가고 싶은가?

2. 죄인인 나를 위해서 영원히 거할 처소를 예수님이 직접 준비하고 계신다는 약속의 말씀 앞에 어떤 감동을 갖는가?

3. 예수님께서 다시 와서 나를 천국으로 데리고 가실 것인데, 그때 나는 무엇을 어떻게 준비할 것인가?

🙏 기도

하나님 아버지, 죄로 인하여 죽을 수밖에 없었던 나를 위하여 이 땅에서 살아온 것과 비교할 수 없는 미래 거처를 예비하여 주심을 감사드립니다. 주님이 주인이신 그 처소에 초청하여 주셔서 감사합니다. 또한 다시 오셔서 나를 영접하여 주시는 은혜를 감사드립니다. 이제부터는 이 땅에서 염려와 근심을 버리고 주님의 약속을 믿고 소망 가운데 참된 영적 유산을 이어주는 삶을 살도록 인도하여 주시옵소서. 아멘!

노트

....

....

....

....

....

....

....

....

....

제 15일 진리 안에 거하기

성경 구절 요한삼서 1:4

내가 내 자녀들이 진리 안에서 행한다 함을 듣는 것보다 더 기쁜 일이
없도다.

🔲 성경 이해

솔솔 불어오는 바람결을 따라 노인의 백발 머리카락과 긴 턱수염이 춤을 추었
다. 긴 기도의 침묵을 깨고 그는 펜과 고대에 종이로 사용하던 양피지를 준비하여
글을 써 내려갔다. 그 노인은 70년 전, 예수님의 12사도 가운데 나이가 가장 어렸
던 요한이었다.

그는 어릴 적부터 갈릴리 바다에서 물고기를 잡는 아버지의 직업을 따라서 어
부가 되었다. 청년 때는 예수님의 부르심을 따라서 사람 낚는 어부가 되어 예수님
의 제자로 3년을 함께 했고, 예루살렘 교회 탄생의 현장에 있었던 창립 멤버였다.

청년, 중년, 노년의 시기를 지나면서 이제 나이 90이 넘은 인생의 마지막 시간
에 그동안 살아온 생애를 돌아보며 다음 세대에게 꼭 나누고 싶은 영적 유산을 세
편의 편지(요한 1, 2, 3서)에 담담하게 써 내려갔다. 그 세 편 중에 영적 다음 세대
인 사랑하는 '가이오'에게 편지를 쓴 내용이 오늘의 본문 말씀이다.

요한은 가장 먼저 '가이오'의 영혼과 모든 범사가 잘되고 강건하기를 기도하였
다(요한삼서 1:2). 그리고 진리 안에서 행하는 다음 세대인 '가이오'를 칭찬하며 기
뻐하였다(요한삼서 1:3). 다음 세대에게 영적 유산을 계승하는 방법은 그들을 위하
여 기도하는 것과 칭찬이다.

나이가 들면 자칫 이기적이 되기 쉽다. 대접받으려 하고 인정받으려는 마음에

다음 세대를 칭찬하거나 배려하는 것에 인색해질 수 있다. 그럼에도 노인 세대인 요한을 기쁘게 하였던 것은 무엇이었을까? 인생의 희로애락을 겪으며 살아온 90 노인 요한에게는 다른 어떤 것보다 후손들이 진리 안에서 행하는 삶이 가장 큰 기쁨이었다.

요한은 후대에 큰 관심을 가졌다. 다음 세대에게 신앙의 바통을 잘 넘겨주는 것에 최대의 가치를 두었다. 자기만을 위해서 세상의 평안함, 높은 지위, 명문 학위, 부귀를 따라 살아가는 것이 진리의 길이 아님을 그는 잘 알고 있었다. 젊은 시절 요한은 이런 세상의 가치를 향한 야망이 얼마나 간절했던가!

예수님이 세상 나라의 임금이 되면 큰 권력을 잡을 것이라는 헛된 꿈을 꾸고 있었음을 기억하였다. 이제 그의 삶이 얼마 남지 않았음을 알고 젊은 세대인 가이오를 향하여 간절히 부탁하는 것은 오직 한 가지 즉, 그들이 변함없이 진리 가운데 행하는 삶을 살기를 기도했다. 그렇다면, 진리는 무엇일까?

진리는 먹물로 종이에 기록된 살아 움직이지 못하고 누워 있는 단순한 정보가 아니다. 요한이 다음 세대에게 계승하고 싶었던 진리는 살아 계신 '예수님'이었다 (요한복음 14:6).

성경책 종이 위에 누워 있는 글자들이 아니라, 말씀이 성육신하여 우리 가운데 뚜벅뚜벅 걸어 다닌 예수님 자신이다. 요한은 젊은 시절에 이 살아 계신 진리 즉 그 자체이신 예수님을 만나서 3년 동안 함께 동행했다. 그 후 스스로 70년 동안 체험한 그 진리를 후손들도 동일하게 체험하는 것이 그에게 최고의 기쁨이 된다고 말한다.

요한은 알고 있었다. 자신도 언젠가는 하나님의 부르심을 받고 이 땅을 떠나리라는 것을… 그러나, 자신은 바람결 같이 떠날지라도 자신의 레거시를 다음 세대에게 계승하기를 간절히 소망했다.

☝ **질문**

1. 다음 세대를 볼 때, 나를 기쁘게 하는 것은 무엇인가?

2. 나는 얼마나 진리 가운데 행하여 다음 세대의 모델이 되는가?

3. 나는 다음 세대가 진리에 행하며 살도록 무엇을 가르치고 남길 것인가?

🙏 **기도**

하나님 아버지, 나의 남은 인생이 진리의 울타리 안에서 깊이 뿌리 내리고, 후손들을 위하여 기도하며, 그들을 칭찬하고 기뻐하며 진리를 따라 살도록 인도하여 주옵소서. 우리 자녀손들이 세상의 비(非)진리, 반(半)진리에 오염되지 않고, 하나님의 진리의 울타리 밖으로 나가지 않도록 보호하여 주시며, 날마다 진리 되신 예수님과 동행하도록 인도하여 주옵소서. 아멘!

노트

....

....

....

....

....

....

초판 1쇄 발행 2024년 2월 15일

지은이 김대순

발행인 최태희
디자인 김석범

펴낸곳 로뎀북스
등록 2012년 6월 13일 (제331-2012-000007호)
주소 충청남도 공주시 정안면 상룡길 90-18
이메일 rodembooks@naver.com
ISBN 978-89-98012-40-3
값 8,000원